LA PUISSANCE contre les Pouvoirs anti-percée

DR. D. K. OLUKOYA

La puissance contre les pouvoirs d'anti-percée

Par

Dr. D. K. Olukoya

La puissance contre les pouvoirs d'anti-percée
©2010 Dr. D.K. Olukoya

Une publication des :
Ministères de la Montagne de Feu et des Miracles.
13, Olasimbo Street, off Olumo road (UNILAG second gate)
Onike, Iwaya. Lagos. Nigeria
www.mountainoffire.org

ISBN : **978-0692673119**

Tous droits réservés.
Aucune partie de cette publication (édition) ne peut être reproduite, ni enregistrée dans les systèmes de recherche documentaire, ou retransmise sous une forme quelconque par n'importe quel moyen, mécanique, électronique, photocopiant ou autre sans autorisation écrite antérieure de la maison de publication.

Pour de plus amples détails ou l'obtention d'une autorisation, adressez-vous à :
Email: pasteurdanielolukoya_french@yahoo.fr
mfmhqworldwide@mountainoffire.org
Ou visitez le site: www.mountainoffire.org
http://mfmbiligualbooks4evangelism.blogspot.com/

Par Dr. D. K. Olukoya

Je voudrais que vous lisiez ce message avec une attention passionnée. Cependant, avant que vous ne continuiez, je voudrais que vous fassiez ces prières avec tout le sérieux que vous pouvez rassembler. Quand vous aurez fini de lire ce message, un échange divin aura lieu dans votre vie. La transformation que vous expérimenterez étonnera même vos ennemis. Cela signifie que les pouvoirs qui se sont assis sur vos percées, qu'ils soient physiques ou spirituels, ces pouvoirs vont se renverser.

Aussi, après la lecture de ce message il y aura un renversement et une prise de position. Quand les crises commenceront, le but sera de vous amener la faveur. Aussi, des problèmes de longue durée seront résolus. Plusieurs sœurs, qui ont perdu leurs places, les récupéreront. Les serviteurs qui sont montés sur le cheval du destin de certaines personnes tomberont de ce cheval. Si les docteurs ont qualifié votre situation comme étant désespérée, elle expérimentera la puissance brute de Dieu aujourd'hui. Votre travail des années passées, que l'ennemi a volé, vous sera restauré au nom de Jésus. Plusieurs personnes récupèrent des bénédictions mais elles sont filtrées. C'est parce qu'elles ont de mauvais paniers dans leurs vies. Si vous êtes dans cette catégorie le panier va fondre au nom de Jésus. Ne permettez pas à cette opportunité de vous dépasser.

- ❖ Toute puissance qui m'a attaché, meurs, au nom de Jésus.
- ❖ Toute puissance de sorcellerie qui contrôle mes percées, meurs, au nom de Jésus.

❖ Toi, *Pharaon* parmi mes poursuiveurs, toi *Goliath* parmi mes oppresseurs, je vous enterre aujourd'hui au nom de Jésus.

Je veux que vous démolissiez les nuages contre vos percées aujourd'hui, en disant : O ciel, libère mes percées, au nom de Jésus.

Psaume 124:7 " *Notre âme s'est échappée comme l'oiseau du filet des oiseleurs; Le filet s'est rompu, et nous nous sommes échappés.* "

La première chose que je voudrais que vous sachiez, est le fait que Dieu n'est pas un échec; donc, nous Ses enfants, ne devrions pas être des échecs d'aucune façon. Dieu n'a créé personne pour venir échouer dans ce monde. Tout échec que nous trouvons dans nos vies n'est pas la faute de Dieu.

Le verset ci-dessus, donne une merveilleuse image de ce qu'on appelle la percée. Imaginez la scène d'un oiseau qui est en cage. Il est limité; bien qu'il eût pu parcourir des milliers de kilomètres librement dans le ciel. Il a été réduit à une créature qui ne peut pas se déplacer à plus d'un mètre de hauteur ou de profondeur. Seulement Dieu sait pendant combien de temps il a été dans la cage quand soudain, une puissance particulière vient et brise la cage et l'oiseau s'évade. C'est l'image de la percée.

La Percée

C'est un progrès sérieux. C'est possible pour une personne de progresser, mais pas d'une façon appréciable. Si une personne veut aller à Kaduna et part à pied, elle avancera, ce qui signifie qu'elle fait des progrès mais ils seront lents. La Percée est un progrès sérieux, un avancement. Je sais que vous voulez l'avancement; autrement, vous n'auriez pas pris ce message. Ceux qui savent qu'il y a un meilleur niveau et veulent y arriver lisent des messages comme ça. Je sais que le Seigneur vous touchera par ce message et vous deviendrez une personne complètement changée au nom de Jésus.

La percée est un changement positif. Vous pouvez réussir et avoir du succès. C'est un développement, une découverte importante. Vous pourriez avoir été à un endroit pendant des années et sans savoir ce qui ne va pas. Tout à coup, Dieu ouvre vos yeux pour voir ce qu'il en est. Une personne pourrait avoir mangé à la table des ténèbres depuis longtemps, un jour, Dieu lui ouvre les yeux pour voir ce qui a mal tourné.

Dans une de nos branches, nous avons prêché un message sur l'homme fort. Il y avait une femme au service, qui venait de perdre son mari, elle a prié vigoureusement et sa chemise était trempée de sueur. Quand elle est rentrée à la maison, son domestique l'a accueillie et l'a félicitée d'avoir commencé à prier. La femme s'est étonnée et la fille a dit que c'était elle qui a tué son mari. La femme lui dit qu'elle aurait dû quitter la maison. La fille a dit qu'elle partirait, mais que la femme devait savoir qu'elle avait introduit ses enfants dans la sorcellerie. Pendant quinze ans, cette femme ne savait pas que son ennemi était dans sa poche. Il y a beaucoup de personnes comme ça, dont les yeux doivent s'ouvrir. Vous devez savoir qui est le rat dans votre affaire et qui est l'agresseur dans votre camp; et qui sont les amis inamicaux.

Par Dr. D. K. Olukoya

La percée c'est briser les barrières, ce que le Psalmiste appelle "sauter le mur." C'est quand vous pénétrez la défense de votre ennemi. Ils ont essayé de vous empêcher, mais tout à coup, vous entrez. C'est une élévation ointe, qui fera en sorte que les gens s'étonnent de ce qui vous arrive, c'est être élevé au dessus de tous les ennemis autour de vous. C'est l'enrichissement de promotion, l'amélioration. C'est un progrès positif.

Un jour, nous avons prié pour un jeune homme. Il avait de bonnes notes à toutes les épreuves qu'il passait. Mais à chaque examen de baccalauréat ses résultats étaient remis en question parce que ces notes étaient toujours très élevées et ils supposaient qu'il avait triché. Un jour il a participé à une de nos réunions de prière MFM et nous avons prié pour lui. Cette nuit, il a fait un rêve où il s'est vu à la porte d'une université du sud du pays et un homme portant un masque était debout, disant qu'il n'entrerait pas, il est arrivé à une autre université au nord et l'homme masqué était à la porte et il a dit qu'il n'entrerait pas. Il s'est vu devant une autre université où il n'était jamais allé auparavant et il voyait toujours l'homme masqué, qui ne lui a permettait pas d'entrer. Pour la première fois de sa vie, c'était clair qu'il y avait un ennemi attaché à sa percée. Je prie pour que toute puissance assignée à ta percée soit détruite aujourd'hui au nom de Jésus.

La percée est une expansion radicale; une maximisation exceptionnelle; un agrandissement, un tournant. C'est quand vous êtes dans la pauvreté et subitement, il y a un changement. C'est quand vous êtes sur le chemin de la frustration et tout à coup, il y a un changement. C'est quand le diagnostic du docteur déclare la catastrophe et vous ne savez pas que les docteurs n'ont pas le dernier mot; tout à coup, il y a changement pour le mieux et les docteurs sont maintenant étonnés.

Une femme est venue pour des prières il y a quelques années; elle avait 48 ans et n'avait aucun enfant. Après les prières, elle est tombée enceinte. Les radios ont montré qu'elle avait des fibromes et qu'elle devait les enlever. Elle a dit qu'elle ne passerait pas par des interventions chirurgicales. Elle a recherché un deuxième avis médical d'un autre docteur et le scanner a montré des fibromes. Elle a dit qu'elle ne subirait pas l'opération, mais en parlerait à son pasteur. Elle me l'a dit et nous avons commencé à prier. Je lui ai demandé de retourner pour un autre scanner et elle est allée chez un autre docteur. Là, on a découvert qu'elle avait vraiment des fibromes mais elle avait aussi un bébé dans l'utérus, que les deux premiers docteurs n'avaient pas vu. Cela signifie qu'ils auraient tué le bébé, dans leur tentative d'enlever les fibromes. Je prie afin que toute puissance qui veut détruire de bonnes choses dans votre vie, soit détruite au nom de Jésus. Bien-aimé, vous et moi avons été appelés à une bataille; qu'on le veuille ou pas, vous êtes dans le front de bataille. Si vous croyez ou pas, une guerre a été déclarée contre vous. Si vous dites que vous n'avez jamais offensé personne, pour qu'il y ait un tel acharnement contre vous, je vous demanderais si Jésus a offensé quelqu'un, pour justifier le traitement qu'Il a reçu des Juifs.

Par Dr. D. K. Olukoya

Le diable ne lâche pas facilement sa proie; il doit être forcé. L'ennemi de notre âme ne vous donnera pas de victoire facilement. Beaucoup de personnes ont des titres honorifiques; cela signifie qu'ils n'ont pas transpiré pour étudier, pour les avoir. On les leur a donnés gratuitement. L'ennemi ne vous donnera pas cette sorte de liberté tant que vous n'avez pas lutté pour l'avoir. S'il y a un problème dans votre vie maintenant, la vérité est que votre vie a quelque chose la valeur. Vous pourriez vous demander pourquoi vous avez des problèmes; vous vous rendez compte que, si vous n'avez pas de problème, cela signifie que vous êtes finis. Si l'ennemi voit que vous êtes inutiles et ne présentez aucune menace pour son royaume, il vous laissera tranquille et ne vous dérangera pas du tout, parce que vous n'êtes pas une menace pour son royaume.

La puissance anti-percée
Ce sont les pouvoirs qui disent "NON" à vos percées. Ils vous bloquent votre avancement. Ce sont les pouvoirs qui font douter les gens de l'intervention de Dieu dans leur situation. Ce sont les pouvoirs qui ont fait l'alliance pour vous résister.

Une femme avait cinq fils. Ils se sont mariés et pendant plusieurs années, aucun d'eux n'avait d'enfant. On a donné un livre le MFM au cinquième. Il n'a pas compris les prières mais il les a faites de toute façon. Un jour le Seigneur lui a parlé; qu'il ne devait pas coucher avec sa femme, pendant les sept premiers jours de leur mariage. Il l'a dit à sa fiancée qui était d'accord. La nuit de noces, la jeune mariée s'est rapprochée et il lui a rappelé leur accord. Le jour suivant, la même chose est arrivée. Le troisième jour, la

Par Dr. D. K. Olukoya

femme nouvellement mariée s'est mise en colère contre son mari et a même déchiré ses vêtements. Il a tenu ferme et n'a pas couché avec elle. Le quatrième jour, il a reçu un appel téléphonique du village qui lui apprit que sa mère était mourante. Le couple s'est précipité et la mère a dit qu'elle avait une confession à faire. Elle a dit qu'elle était une sorcière et qu'elle avait fait don des spermes de ces cinq fils et c'était pourquoi ils n'avaient aucun enfant. L'accord qu'elle a fait c'est qu'elle devait spirituellement prendre les spermes de ses fils, les trois premiers jours de leur mariage. Elle avait réussi dans la vie des quatre autres. Quand ce fut le tour du dernier, elle a découvert qu'ils n'avaient pas de relations sexuelles. Elle avait seulement trois jours pour effectuer l'opération; c'était pourquoi la pression de la jeune mariée était forte le troisième jour.

Puisque la mère ne pouvait pas faire don du sperme, elle devait mourir. C'est pourquoi elle a envoyé chercher l'homme et sa femme et ensuite elle est morte. Ce frère est le seul qui a des enfants parmi les cinq aujourd'hui.

Bien-aimé faites cette prière avec une colère sainte :

❖ Toute puissance interne assignée contre mes percées, meurs, au nom de Jésus. Comment cette femme s'est-elle transportée dans leur chambre à coucher sans qu'ils le sachent ? Elle n'est pas allée là physiquement. Cela signifie qu'il y a beaucoup de choses qui se déplacent, que nos yeux physiques ne peuvent pas voir.

Faites cette prière :

❖ Toute puissance qui vole contre mes percées, meurs, au nom de Jésus.

❖ Qu'il y ait une libération de l'onction qui brise les jougs, dans ma vie au nom de Jésus.

Des pouvoirs anti-percée sont des pouvoirs qui luttent contre la victoire d'une personne. Ils sont les pouvoirs qui sont désignés pour empêcher les progrès d'une personne. Ils limitent et empêchent le progrès. Un homme expérimentait la stagnation en tous points et pour toute chose. Un jour, un ami lui a envoyé un passeport étranger contrefait, avec sa photo pour aller voyager dans ce pays. Quand il est arrivé dans le pays, il a traversé la douane et l'immigration comme étant un citoyen. Soudainement l'un des officiers l'a rappelé et lui a demandé si le passeport était à lui et il a dit oui. L'officier lui a demandé de donner les noms de trois supermarchés populaires dans ce pays mais il ne pouvait pas. On lui a demandé de donner les noms de trois journaux et il ne pouvait pas. On lui a montré une pièce de monnaie et on lui a demandé de dire combien c'était mais il ne pouvait pas. C'est alors que c'est devenu clair, qu'il avait contrefait le passeport. Il a été expulsé immédiatement. Sa vie avait été limitée par les pouvoirs qui stagnent. Des pouvoirs anti-percées sont toujours tristes et malheureux quand une personne commence à faire des progrès. Ils veulent garder par tous les moyens une personne dans la pauvreté. Ce sont des pouvoirs de la nuit qui volent spirituellement des gens. Ils envoient les noms des gens pour le mal.

Par Dr. D. K. Olukoya

J'avais l'habitude de dire à un ami d'être fervent dans les prières, mais il riait de moi. Il a étudié à l'étranger, il ne croyait pas qu'il y avait de mauvais pouvoirs partout. Un jour, pendant qu'il passait en revue sa camera qui avait enregistré à son bureau, il a été choqué. Il a vu sa secrétaire avec un coq vivant; elle l'a tué et a recouvert sa chaise de son sang. Il est venu me voir avec la bande en courant, il criait il s'est assis sur la chaise. Peu après, il a perdu un contrat de millions de Naira, qui était presque acquis. Je lui ai rappelé le fait qu'il avait besoin de prières. Il est maintenant un guerrier de prière.

Des pouvoirs anti-percées annulent la faveur. Ce sont eux qui mettent en place des petits amis et petites amies depuis l'enfer, pour faire en sorte que les gens commettent des actes immoraux et le péché contre Dieu, et ainsi qu'ils perdent leurs percées. Ce sont les pouvoirs qui font rage, quand la percée d'une personne est là. Ce sont les pouvoirs qui causent le chaos, quand une personne est sur le point de briller. Ce sont les pouvoirs hérités qui ont été assignés pour détruire.

Aujourd'hui c'est le jour où vous ferez des prières sérieuses. Ça peut sembler étrange mais ce sont les flèches des prières qui vous rendriez libre.

Que faire
1. Réaliser que tout péché dans votre vie bloquera les percées. Le péché peut être aussi simple que la colère, l'amertume, l'envie, l'ivresse, la fornication, etc.
2. Savoir que la puissance de Dieu est au-dessus de tous les pouvoirs.
3. Faire la guerre contre des pouvoirs anti-percées.

Par Dr. D. K. Olukoya

Il y avait une famille de cinq filles. Elles étaient toutes mariées et chacune, l'une après l'autre, a eu des problèmes avec son mari et est retournée à la maison familiale, où les parents et grand-mère avaient vécu. Un jour, la plus jeune d'entre elles, a vu par hasard notre livre intitulé : Priez Votre Voie vers les Percées. Elle a fait toutes les prières ardemment cette nuit de minuit jusqu'à une heure de matin. L'aube suivant, sa grand-mère est venue la voir, lui demander quels genres de prières elle faisait la nuit. Elle lui a conseillé d'arrêter de prononcer ces prières et de continuer à prononcer celles qu'elles faisaient dans leur église. Celles qu'elle recommandait étaient les prières qui racontaient des histoires sans feu en eux. Le problème est que ces prières marchaient dans les années 1930, mais maintenant, l'ennemi a changé de mécanismes et est maintenant sur la voie rapide. Quand la sœur l'a entendue, elle savait qu'il y avait un problème. Elle a alors décidé de commencer par la page 1 du livre. Elle a prié de minuit jusqu'à 3.00h le matin, la grand-mère est venue et l'a avertie que ces prières étaient dangereuses. La sœur a fait des excuses mais elle savait qu'elle ne s'arrêterait pas. La troisième nuit, elle a commencé de la page une et a fait même les prières qui semblaient inadaptées à sa situation jusqu'à 6.00h. Quand ils se sont tous réveillés, ils ont trouvé leur grand-mère morte sur son lit. Comme ils cherchaient dans ses affaires, un cadenas a été trouvé. La sœur l'a ouvert et dans ce cadenas, il y avait une liste, avec les noms des cinq sœurs écrits. Il y avait aussi un coton avec de tache de sang. Cela a signifiait qu'aussi longtemps qu'elles avaient leurs règles, elles ne resteraient pas dans la maison de leur mari. La plus jeunes a versé l'huile d'onction sur le cadenas, la liste et le coton, l'a ensuite brûlé avec le pétrole. Cette soirée, le mari de la première est venu demander à sa femme de revenir à la maison. Vers la fin de la semaine, toutes les cinq dames étaient de retour dans la maison de leur mari.

Bien-aimé, nous sommes arrivés dans une arène, où vous ne pouvez pas vous permettre de plaisanter avec l'ennemi ou avoir pitié de lui. Nous sommes arrivés à l'arène, où chaque problème doit se plier ou se prosterner; votre ennemi a fait une erreur aujourd'hui. Faites ces prières avec une agression sainte :

- Toute puissance assignée contre mes percées, ton temps est écoulé, meurs donc au nom de Jésus.

- Toutes maisons de honte construites contre moi, dispersez-vous au nom de Jésus.
- Toute puissance traînant mon progrès, ton temps est écoulé, meurs, au nom de Jésus.

Parfois, les gens sentent des mouvements dans leurs corps; ce sont des serpents anti-percées. Ils bloquent les routes du progrès. Aujourd'hui, si vous êtes dans cette catégorie, vous recevrez le contact de la puissance de Dieu. Le Seigneur vous donnera votre propre lettre de percée aujourd'hui, au nom de Jésus. Tout de suite, visualisez ces choses que vous ne voulez plus dans votre vie. Nommez-les un à un et priez comme ceci :

- Mon Père, je viens devant Toi aujourd'hui, je ne savais pas que tu te souciais de moi et que tu ne me permettrais pas d'être dérangé par l'ennemi. Il est écrit que Tu m'as donné le pouvoir de marcher sur les serpents et les scorpions et sur toute la puissance de l'ennemi et rien ne pourra me nuire. Tout de suite, que tout serpent et scorpion assigné contre moi meure, au nom de Jésus. A partir d'aujourd'hui, toute puissance de l'ennemie que je voyais auparavant, je ne la verrai plus au nom de Jésus.

Faites ces prières avec une agression sainte :
- Tout pouvoir démoniaque de la maison de mon père assigné contre ma percée, aujourd'hui, meurs, au nom de Jésus.
- Tout pouvoir démoniaque de la maison de ma mère assigné contre ma percée, aujourd'hui, meurs, au nom de Jésus.

A PROPOS DU DR D.K. OLUKOYA

Le Dr. D.K. Olukoya est Pasteur principal et Superviseur Général des Ministères de la Montagnes de Feu et des Miracles et des Ministères du Cri de Guerre. Il est titulaire d'une licence de Microbiologie de l'Université de Lagos au Nigeria, et d'un doctorat dans le domaine de Génétique Moléculaire de l'Université de Reading, au Royaume Uni. Comme chercheur, il a plus de quatre-vingts publications à son actif.

Oint par Dieu, le Dr. Olukoya est un enseignant, un prophète, un évangéliste et un prédicateur de la Parole de Dieu. Sa vie et celle de sa femme, Shade, et leur fils, Elijah Toluwani, sont des preuves vivantes que tout pouvoir est à Dieu.

Par Dr. D. K. Olukoya

A PROPOS DU MINISTERE DE LA MONTAGNE DE FEU ET DES MIRACLES

Le **Ministère de la Montagne de Feu et des Miracles** (MFM) est un Ministère du Plein Evangile consacré au réveil des signes apostoliques, aux œuvres et miracles du Feu du Saint Esprit et à la démonstration illimitée de la puissance de Dieu à délivrer au-delà de toute mesure. On y enseigne ouvertement la Sainteté absolue à l'intérieur et à l'extérieur comme étant le plus grand désinfectant spirituel et une condition préalable pour aller au Ciel.

MFM est un Ministère Evangélique de " faites-le vous-même " où vos mains sont entraînées au combat et vos doigts à la bataille.

Brève histoire du Ministère de la Montagne de Feu et des Miracles

Le Ministère de la Montagne de Feu et des Miracles fut fondé en 1989. La première réunion s'était tenue au domicile du Dr. Olukoya, à laquelle avaient assisté 24 personnes. L'église a ensuite emménagé au N°60, Old Yaba Road, Lagos, puis au site de la Direction Générale actuelle, le 24 Avril 1994.

La Direction Générale du Ministère de la Montagne de Feu et des Miracles est la plus grande congrégation Chrétienne en Afrique capable de contenir plus de 200.000 fidèles en un seul culte.

Par Dr. D. K. Olukoya

Le Ministère de la Montagne de Feu et des Miracles (MFM) est un Ministère du Plein Evangile consacré au réveil des signes apostoliques, aux œuvres et miracles du Feu du Saint Esprit et à la démonstration illimitée de la puissance de Dieu à délivrer au-delà de toute mesure. On y enseigne ouvertement la Sainteté absolue à l'intérieur et à l'extérieur comme étant le plus grand désinfectant spirituel et une condition préalable pour aller au Ciel.

MFM est un Ministère Evangélique de " *faites-le vous-même* " où vos mains sont entraînées au combat et vos doigts à la bataille.

www.ingramcontent.com/pod-product-compliance
Lightning Source LLC
Chambersburg PA
CBHW061316040426
42444CB00010B/2668